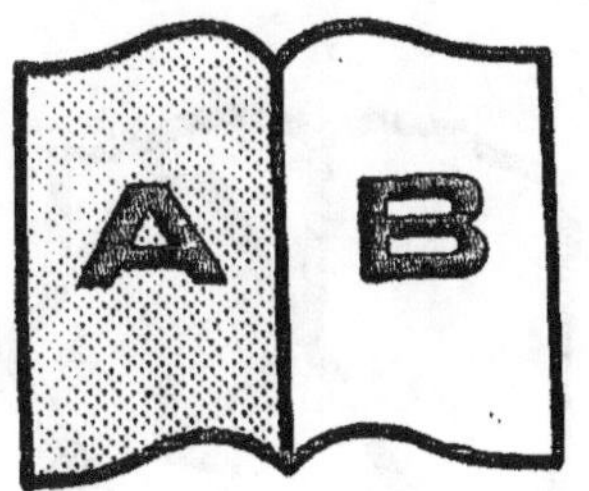

Contraste insuffisant
NF Z 43-120-14

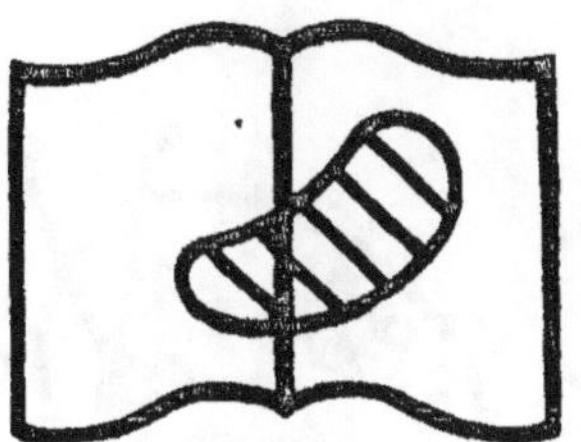

Illisibilité partielle

Valable pour tout ou partie
du document reproduit

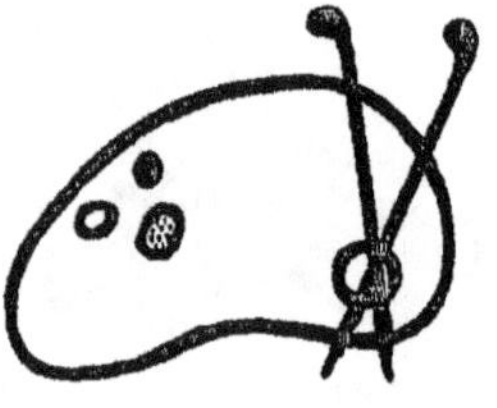

Original en couleur
NF Z 43-120-8

Couverture inférieure manquante

LA
BIBLIOTHÈQUE D'UN HUMANISTE

AU XVIe SIÈCLE

CATALOGUE DES LIVRES ANNOTÉS PAR MURET

DRESSÉ PAR

PIERRE DE NOLHAC

Membre de l'École française de Rome

Extrait des Mélanges d'archéologie et d'histoire
publiés par l'École française de Rome.

ROME
IMPRIMERIE DE LA PAIX
1883

LA
BIBLIOTHÈQUE D'UN HUMANISTE

AU XVIᵉ SIÈCLE

CATALOGUE DES LIVRES ANNOTÉS PAR MURET

DRESSÉ PAR

PIERRE DE NOLHAC

Membre de l'École française de Rome

Extrait des MÉLANGES D'ARCHÉOLOGIE ET D'HISTOIRE
publiés par l'École française de Rome.

ROME
IMPRIMERIE DE LA PAIX
1883

LA BIBLIOTHÈQUE D'UN HUMANISTE

AU XVI° SIÈCLE

LES LIVRES ANNOTÉS PAR MURÈT.

L'attention du public lettré a été sollicitée à plusieurs reprises, ces deux dernières années, sur Marc-Antoine de Muret. Le célèbre humaniste, que la France doit revendiquer, bien qu'il ait passé la plus grande partie de sa vie en Italie, a été le sujet d'une monographie intéressante, due à un français, M. Ch. Dejob, et de plusieurs articles de revue inspirés par ce premier travail (1). Toute une correspondance française de Muret avec ses amis de Paris a été découverte à notre Bibliothèque Nationale et vient d'être publiée (2). Enfin M. Tamizey de Larroque promet une édition annotée de la Vie de Muret, d'après le manuscrit de Guillaume Colletet.

A quelles causes attribuer ce mouvement de sympathie pour un érudit longtemps oublié dans son propre pays et l'importance qu'on paraît attacher à son souvenir? Ce n'est pas qu'on ait découvert en lui un grand philologue; il a publié beaucoup de

---

(1) *M. A. Muret. Un professeur français en Italie....* par Charles Dejob, prof. de rhétorique au collège Stanislas. Paris, Thorin, 1881, in 8° (cf. *Revue critique*, 1882, I, p. 483; *Philologische Wochenschrift*, 1882, II, p. 594; etc.). Albert Desjardins, *M. A. Muret. L'enseignement et la correspondance des savants au XVI° s.* (*Correspondant* du 25 avril 1882); G. Boissier, *La réforme des études au XVI° siècle, Baduel et Muret* (*Revue des Deux Mondes* du 1er déc. 1882); etc.

(2) *Mélanges d'érudition classique dédiés à la mémoire de Charles Graux*. Paris, Thorin, 1883, gr. in-8°: *Lettres inédites de Muret* publ. ux P. de Nolhac.

textes et de commentaires, mais sans attacher son nom à aucune
restauration patiente et réfléchie, à aucun de ces problèmes d'où
dépend pour nous la connaissance exacte de l'antiquité. Il tient
peu de place dans le siècle de Turnèbe, d'Estienne, de Lipse, de
Scaliger; il n'égale point ses amis d'Italie, Paul Manuce, Vettori, Sigonio. Ce qui demeure de Muret, ce qui intéresse en lui,
c'est l'humaniste et le professeur. Il a la passion de l'antiquité,
mais non cette passion exagérée, souvent puérile, qui rend un
peu ridicules les plus nobles travailleurs du début de la Renais-
sance; son amour est intelligent, raisonné; il a tout lu, tout par-
couru au moins, des textes classiques; il sait faire le choix de
son admiration et de son imitation, et sur plus d'un point, par
exemple dans sa réhabilitation des auteurs latins postérieurs à
Auguste, il fait preuve d'initiative personnelle et éclairée.

Comme professeur, son rôle est plus attachant encore que
comme humaniste: il importe en Italie les méthodes françaises, dont
il donne la théorie et le modèle, cette union de l'éloquence et de la
philosophie, de la forme et de la pensée, dont Ramus est à la même
époque le champion dans l'Université de Paris. Muret fait profiter
ses élèves du résultat des efforts de toute cette génération labo-
rieuse d'érudits et de philologues, qui travaillent à rendre la
France le centre philologique de l'Europe au XVIe siècle, et qui
créent presque à eux seuls la science de l'antiquité. Sans prendre
place au milieu d'eux, il s'est instruit à leur école et leur forme
à son tour des disciples. Il mérite en un mot ce jugement du
Cardinal de Granvelle: " *era nella professione sua huomo raro* ".

On s'est représenté avec plaisir ce ferme et lucide esprit,
tout français de nature, exerçant en Italie une si grande influence;
on l'a revu dans sa chaire romaine (puisque c'est à Rome qu'il
a le plus longtemps professé), entouré d'une foule attentive d'é-
tudiants, choyé par les Papes et comblé d'honneurs, applaudi
par ses confrères, loué, souvent à l'excès, par des hommes dont

le sens critique était de beaucoup supérieur au sien. Ce spectacle d'un étranger régnant sans conteste dans un pays par le charme de la parole et la netteté de l'intelligence, a frappé et retenu les yeux; on a cherché à s'en expliquer les causes; on n'a pas voulu se montrer envers Muret moins juste que les Allemands, qui ont multiplié, même en ce siècle, les éditions de ses œuvres (*Epistolae, Orationes, Variae lectiones*), et qui ont rendu longtemps à sa pure latinité le plus bel hommage, en le faisant étudier aux écoliers comme un auteur classique.

Aux divers travaux qui ont remis en lumière un personnage aussi intéressant, je n'ai à ajouter qu'un simple catalogue. J'ai dressé la liste des livres de sa bibliothèque, annotés ou simplement apostillés par lui, qui nous ont été conservés parmi les collections du Collège Romain. On constatera, dans les annotations multipliées qui couvrent la plupart des marges, l'abondante érudition du possesseur; pour un certain nombre d'auteurs, sur lesquels Muret n'a pas publié ses commentaires, il pourrait y avoir profit à consulter ces gloses et ces leçons, jetées soit au hasard de la lecture, soit après une confrontation du texte avec des manuscrits inconnus. Je n'ai pas eu à les étudier moi-même dans leur détail, mais le présent travail a en grande partie pour but d'en donner l'indication précise.

Quelques particularités curieuses seront relevées parmi les notes d'une autre nature que Muret avait l'habitude de mettre sur ses livres; il indique généralement le nom du donateur, ou, s'il a payé le volume de ses deniers, le lieu de l'emplette et quelquefois même le prix. Une fois le livre acheté, il devenait le compagnon de son propriétaire, un de " *ces* bons hostes muets qui ne faschent jamais „, comme disait un ami de Muret, le grand Ronsard. " Jamais la maxime banale qu'un livre est un ami n'a été plus vraie qu'au seizième siècle. Les hommes de ce temps, qui vivaient dans leurs bibliothèques, prenaient leurs livres pour confidents , (Dejob, p. 248). Un dictionnaire, un répertoire toujours ouvert sur la table, un auteur favori souvent feuilleté servaient également de registre de notes; on y inscrivait ses comptes de ménage, ses brouillons d'épigrammes ou d'épîtres, jusqu'aux petits faits de la vie de chaque jour. Beaucoup des livres de ce catalogue portent sur leurs gardes des chiffres, des opérations d'arithmétique, dont la clef nous échappe et que j'ai négligé de relever. Beaucoup d'autres ont des brouillons de vers, dont quelques unes sont inédits; faute d'une feuille de papier pour jeter une pensée encore incomplète, le livre se trouve sous la main. Mais il devient surtout intéressant, quand il sert de journal. On sait que Muret avait mis à la marge de la dédicace des *Variae lectiones*, et sans doute le jour même de la mort du Cardinal de Ferrare, son protecteur, les réflexions que lui inspirait cet évènement. Je ne connais rien de plus touchant que la mention qu'il fait sur un autre volume de la mort de son plus ancien ami d'Italie, Paul Manuce; on sent que ces trois lignes émues ont été écrites sur le livre même que lisait Muret, au moment où il reçut la triste nouvelle (1).

En parcourant ces classiques, dont plusieurs sont interfoliés et remplis de notes pour le cours public de Muret, il peut être utile de recueillir celles qui indiquent le jour où il a commencé l'explication d'un texte et le jour où il l'a finie. Il y

(1) Nᵒ XIX. — Par contre, se marquent aussi, dans ces volumes, les animosités philologiques et religieuses de Muret; il rature les noms de ses adversaires ou simplement les noms suspects d'hérésie, qu'il rencontre dans les livres d'Allemagne: noms d'auteurs, de correcteurs ou même de typographes, il les poursuit tous également de sa plume impitoyable, au frontispice, aux préfaces, aux titres courants, dans le texte même. Il suit en cela l'habitude de son temps, et l'on sait qu'au XVIᵉ siècle le nom d'Erasme, catholique pourtant et presque cardinal, a été rayé dans une foule de livres italiens.

a du reste quelque intérêt à savoir de quelles éditions il usait de préférence, et quels livres dominaient dans sa bibliothèque. Nous y voyons figurer quelques ouvrages modernes, traités de jurisprudence, dons d'auteur, acquisitions de fantaisie (1). Mais la plus grande place est donnée aux anciens. Parmi les grecs, Aristote domine : on trouvera dans ce catalogue treize éditions ou commentaires de ses œuvres ; chez les latins, c'est Cicéron, tant de fois expliqué par notre humaniste, malgré son goût plus marqué pour Sénèque. On remarquera (n° XLIV.) le Dictionnaire grec-latin dont s'est servi Muret, à défaut du *Lexicon* de Constantin et du *Thesaurus* d'Estienne qu'il ne possédait pas ; il en a annoté les marges et comblé les lacunes pour son usage, à mesure qu'il les constatait ; aussi le vieux volume a-t-il beaucoup servi et la couverture est-elle en lambeaux.

L'histoire de la bibliothèque de Muret sera courte. Il avait laissé ses livres avec sa fortune à un neveu, nommé Marc-Antoine comme lui, qu'il avait fait venir du Limousin pour l'élever et qui lui survécut peu. Pour en éviter la dispersion, ce neveu légua aux Jésuites la bibliothèque de son oncle. Le Collège Romain en eut la garde et elle paraît y avoir formé un fonds spécial, car tous les volumes portent la mention manuscrite : *Coll.*

(1) Aucun poète français n'y figure ; Muret possédait cependant, à n'en pas douter, quelques ouvrages de ses anciens amis (en 1573, il demande la *Franciade*) ; et je ne crois pas que la dévotion de la fin de sa vie ait pu le porter à détruire ces vers profanes. D'ailleurs je n'ai pu faire qu'un essai de catalogue ; j'ai étudié seulement les livres qui ont passé *avec certitude* de la bibliothèque de Muret dans celle des Jésuites et ont été annotés de sa main ; mais il en a sûrement possédé d'autres. Je dois remercier ici, pour les facilités données à mes recherches dans la Bibliothèque Vittorio Emanuele, M. le Préfet Gnoli, M. Giorgi, qui m'a communiqué la liste des livres apostillés par Muret, et M. Pasqualucci, de qui j'ai reçu d'utiles et amicales indications. M. Dejob n'avait pu prendre avant son travail connaissance des livres de Muret, la Bibliothèque n'étant ouverte que de cette année.

Rom. Soc. Jes. Catal. inscriptus ex Bibl. Mureti (1). Elle renfermait, outre les livres apostillés de la main de Muret, sa correspondance et quelques manuscrits (2). Les jésuites puisèrent plusieurs fois dans leur *fonds Muret*. André Schott, le premier, l'utilisa en 1602 et 1604, à Ingolstadt, en publiant les notes et commentaires inédits de Muret sur Aristote, Cicéron, Tacite, Salluste, etc. Le savant P. Lagomarsini s'en servit pour préparer sa grande édition de Cicéron, qui n'a point paru (3). Lazeri parcourut quelques unes des volumes annotés et imprima un assez grand nombre de lettres adressées à Muret, publication faite avec soin et d'autant plus précieuse que les originaux nous manquent (4).

(1) Lazeri, *Miscellanea ex mss. libris bibliothecae Collegii Romani*, Rome, 1757, t. I, p. XIV : . . . . *M. A. Muretus, vir omnium consensu doctissimus, cujus Bibliothecam adepti, multos et ipsius manu exaratos, sive animadversionibus adspersos libros, et veterum scriptorum codices nacti sumus.* Cf. *Ibid.* t. II, p. 189, et Renazzi, *Storia dell'università degli studj in Roma*, Rome, 1803-1806, t. III, p. 61. F. Blume signale également au Collège Romain *die Privatsamlungen.... des Marcantonio Mureto mit seinem eigenen Handschriftlichen Nachlasse* (*Iter Italicum*, Halle, 1830, t. III, p. 149).

(2) Les mss. ne se retrouvent pas; parmi eux on remarquait le commentaire autographe de Muret sur la première Tusculane, composé en 1567 et publié en 1602 (Lazeri, t. II, p. 322), les commentaires sur le 3e livre du *De officiis* (1575), sur le *De finibus*, sur la *Rhétorique* d'Aristote (1576), sur Salluste (1579), sur les *Lettres à Atticus*, etc. Quelques auteurs anciens y figuraient (cf. la note précédente); Lazeri a vu un ms. de Catulle, Tibulle et Properce (p. 414). Muret devait posséder aussi un ms. de *Concilia Gallicana*, car dans un recueil de copies fait au XVIe siècle et conservé à la bibliothèque Vallicelliane, M. Poisnel m'a montré en marge d'une série de canons apocryphes : *Ex vet. cod. M. Ant. Mureti ad concilium Tullense haec sunt addita* (Vallicell. C. 16, f. 1).

(3) V. le n° XXXIII du Catalogue.

(4) Il a publié des lettres de Lambin, Pierre Morin, Paul Manuce, Achille Statius, Juste Lipse, Sigonio, etc; j'ai malheureusement la certitude que le choix a été très incomplet; j'aurais aimé retrou-

A l'époque de la sécularisation des biens des ordres religieux, quelque temps avant ou après, le fonds Muret a subi de sérieuses mutilations; les manuscrits ont disparu; une partie considérable des livres annotés a eu le même sort. Ce n'est pas une des moindres pertes qu'a coûtées à l'Italie savante la création de cet énorme dépôt Vittorio Emanuele, où sont venues s'entasser, au grand préjudice de plus d'une, les collections de quatre-vingt-trois couvents. La plupart des absences que j'ai constatées coïncident, il est vrai, avec les volumes mentionnés déjà par Lazeri dans ses *Miscellanea*. J'ai dû, pour être complet, fondre dans le catalogue des volumes que j'ai vus tous ceux qui ont passé sous les yeux de Lazeri, après avoir complété autant que possible ses trop sommaires indications bibliographiques (1).

Ce catalogue a trois parties; la première comprend les auteurs grecs; la seconde, les latins; la troisième, les livres modernes, de droit, d'érudition, etc. Pour classer les auteurs dans les deux premières parties, je suis l'ordre alphabétique, et pour les éditions d'un même auteur, l'ordre chronologique.

ver, dans la correspondance de Muret, les lettres de Cl. Dupuy, de J. A. de Thou, de Dorat, de Ronsard peut-être, qui devaient y figurer.

(1) Je marque d'un astérisque les volumes cités seulement d'après les *Miscellanea*; le n° des pages renvoie au second volume. Comme quelques uns des livres de Muret sont assez rares, j'ai pris le parti de reproduire les titres in-extenso; mais je ne peux répondre que toutes les éditions suivies de l'astérisque soient bien celles qui figuraient dans sa bibliothèque. Je n'ai pu retrouver ni les *Tusculanes*, éditées avec un commentaire de Turnèbe en 1553, qui portaient *M. A. Muretus mihi emit Lutetiae mense Octobri MDLXI*, ni l'édition des Dialogues d'Antonio Agostino, *De emendatione Gratiani* qu'aurait pu acheter Muret à Venise en juillet 1554 (Laz., pp. 328 et 315). S'il peut y avoir quelque profit pour les auteurs de tables bibliographiques à parcourir notre catalogue, ils ne doivent pas négliger, pour ce qui regarde Muret, les notes des *Miscellanea*, qui signalent certaines éditions devenues fort rares aujourd'hui.

CATALOGUE DES LIVRES ANNOTÉS PAR MURET.

Auteurs grecs.

I.

APOLLONII *Rhodii Argonautica, antiquis una et optimis cum Commentariis, graece. Venetiis in aedibus Aldi et Andreae soceri, 1521. In-8°.*

Laxeri, qui a vu ce volume, indique (p. 310) que Muret y avait inscrit la date de juillet 1554, pendant son séjour à Venise.

II.

ΑΡΙΣΤΟΤΕΛΟΥΣ ΤΕΧΝΗΣ ΡΗΤΟΡΙΚΗΣ ΒΙΒΛΙΑ Γ′... Aristotelis *de Arte rhetorica libri III. Ad Alexandrum de Arte rhetorica lib. I. De poetica lib. I.* (*Venetiis*) *Ioan. Gryphius excudebat.* MDXLVI. In-8°.

Variantes et annotations assez nombreuses, surtout au premier livre de la *Rhétorique*. Sur les gardes sont de courts extraits de Cicéron, Pausanias, Pline, etc., et le passage de Pline (lib. XXXIII, cap. 8) sur la paye militaire, au moment de la dictature de Fabius Cunctator. Au dernier feuillet sont transcrits, d'après la *Rhétorique*, le fameux vers d'Alcée, θέλω τι τ᾽ εἰπεῖν, ἀλλά με κωλύει αἰδώς, et la réponse de Sappho, Αἰ δ᾽ ἔχες κ. τ. λ. Je n'ai pas besoin d'indiquer que ce texte diffère sensiblement du texte adopté par Bergk, *Poetae lyrici graeci,* 4° éd. Leipzig,

1582 (Sappho, fr. 28; Alcée, fr. 85). Tels qu'il les lit, après les avoir transcrits, Muret en donne au dessous une traduction latine:

> Fari volo, sed me prohibet pudor.
> — Si quidquam honesti mens foret ac boni,
> Nec lingua quidquam turpe paret tua,
> Nulla impedireris pudore,
> Sed facile eloquerere honesta.

Vitt. Em. 4. 9. E. 45.

III.

ARISTOTELIS *de Moribus ad Nicomachum libri X, Graece (edente P. Victorio). Florentiae, apud Bern. Juntam, 1547. In-4°.*

Cette édition de Florence est indiquée par Lazeri (p. 880), comme portant la date de 1560; il y a confusion de sa part, car l'édition de 1560 a paru à Paris chez Guil. Morel; l'édition possédée par Muret pouvait être, il est vrai, cette dernière. Quoiqu'il en soit, c'est sur le texte de Vettori qu'il expliquait l'*Éthique*; l'exemplaire était interfolié et portait les explications de Muret avec cette note: *Incepi explicare hos libros Romae XVI die Mensis Nouembr. a. MDLXIII. Pii IV. Pontificis Maximi iussu.*

IV.

ARISTOTELIS *de Republica libri VIII. Interprete et enarratore Io. Genesio Sepulceda Cordubensi. Ad Philippum Hispaniarum principem. Parisiis, apud Vascosanum ... M. D. XLVIII. Cum priuilegio regis ad VI annos. In-4°.*

Sur le titre Muret a écrit: *M. Antonij Mureti.* — *Anno MDLXXIIII. Cosmus Medices magnus dux Etruriae, obiit Florentiae, XI Kal. Mai. anno aetatis suae LV.* Notes marginales; phrases rayées dans le texte de Sepulveda et remplacées soit par de meilleures traductions, soit par le texte grec lui-même; fautes d'impression corrigées.
Vitt. Em. 4. 2. A. 7.

V.

Aristotelis Stagiritae opera. *Post omnes quae in hunc usque diem prodierunt editiones summo studio emaculata et ad graecum exemplar diligenter recognita . . . Lugduni, apud Ioannem Fret-* *lonium. M. D. XLIX. Cum privilegio Regis.* In-fol.

L'ex-libris imprimé du Collège Romain porte ajouté à la main : *In questo exemplare vi sono postille di mano del Mureto e del card. Pal- lavicini.*

Aristotelis Stagiritae operum *Tomus secundus. Lugduni,* etc. In-fol. — Ces deux volumes contiennent un grand nombre de notes de l'écriture allongée et rapide du cardinal Pallavicini. On sait qu'il fut jésuite et remplit même les fonctions de préfet des études au Collège Romain († 1667). Le second volume est annoté aussi d'une autre écriture que la sienne; mais je n'ai rien trouvé qu'on puisse attribuer à Muret.

Vitt. Em. 4. 6, B. 14 et 15.

VI.

Exemplaire mutilé d'Aristote, commençant à la page 55 : ΑΡΙΣ-ΤΟΤΕΛΟΥΣ ΠΟΛΙΤΙΚΩΝ ΤΟ Γ'. C'est l'édition de la *Politique* due à P. Vettori : *De optimo statu reip. libri octo. Graece. Florentiae, apud Iuntas, 1552.* In-4°.

Notes abondantes de Muret, qui a placé des feuilles blanches au commencement et à la fin du volume.

Vitt. Em. 4. 7. C. 10

VII.

Aristoteles de *Moribus ad Nicomachum libri decem, nunc primum e Graeco et latine et fideliter, quod utrumque querebantur omnes praestitisse adhuc neminem, a Dionysio Lambino expressi. Eiusdem Dionys. Lambini in eosdem libros annotationes, quibus cum obscuri loci multi illustrantur, depravatique emendantur, tum quid inter hanc et ceteras horum librorum conuersiones intersit, aliqua ex parte ostenditur. Venetiis, ex officina Erasmiana, apud Vincentium Valgrisium, MDLVIII.*

Le volume renfermait de nombreuses notes de Muret. Lazeri (p. 275) en cite quelques unes; c'est d'après lui que je reproduis le titre ci-dessus. Cette édition est la première de la traduction et du commentaire de l'*Éthique* par Lambin; elle manque aux tables de Maittaire et au *Trésor* de Graesse.

VIII.

Aristotelis *de Arte rhetorica libri tres. Carolo Sigonio interprete. Bononiae, ex officina Alexandri Benatii. MDLXV.* In-4°.

Muret a corrigé ou barré un grand nombre de passages de la traduction de Sigonio; certaines pages sont entièrement remaniées. On retrouverait ces corrections dans la traduction des deux premiers livres de la *Rhétorique* publiée par Muret lui-même.

Vitt. Em. 4. 3. F. 15.

IX.

Aristotelis *de Generatione et interitu liber primus, a Flaminio Nobilio in latinam linguam conversus, et simplici primum verborum explanatione deinde quaestionibus copiosissimis ad finem cuiusque capitis appositis illustratus. Ad Cosmum Medicem Floren. Senensiumque ducem et Franciscum eius filium principem. Cautum est privilegio... Lucae, apud Vincentium Busdracum, MDLXVII.* In-fol.

Relié à la suite: *Ioannis Iacobi Paresii cognomine Calabri genere Saxonensis, ordinariam philosophiam Romae profitentis Peripateticae disputationes in prima Aristotelis philosophia... Venetiis, ex officina Marci de Maria Salernitani bibliopolae Neapolitani. MDLVI.* In-fol.

Sur la page qui précède le premier titre: *Muretus emi Romae mense nouembri 1583.*

Vitt. Em. 4. 3. B. 20.

X.

LES POLITIQUES D'ARISTOTE, *esquelles est monstrée la science de gouuerner le genre humain en toutes especes d'estats publiques. Traduittes du Grec en François, avec expositions prises des meilleurs Autheurs... par Loys le Roy dict Regius... A Paris, par Michel de Vascosan... MDLXXVI. avec privilege du Roy.* In-fol.

Elégante couverture de parchemin. Muret y a inscrit: *Di Marc'Antonio Mureto. hauuto in dono dal Sig'. Girolamo Giglinolo, in Tiuoli, 1577.*

Vitt. Em. 4. 2. F. 14.

— Ces exemplaires de l'*Ethique* et de la *Politique* sont sans doute ceux dont se servait Muret, en 1577, pour faire étudier Aristote à Louis de Chasteignier d'Abain de la Rocheposay, ambassadeur de Henri III auprès du Saint Siège. Ce diplomate avait été, comme on sait, l'élève de Scaliger et avait appris de bonne heure à consacrer ses loisirs aux lettres anciennes. Il raconte ses travaux dans une lettre intime à Claude Dupuy, que j'ai trouvée à la Bibliothèque Nationale, et dont je citerai tout ce qui se rapporte à Muret: " Par une lettre que luy escrivys assez a la haste (à l'abbé Delbene), je luy faisoys requeste de vous presenter mes humbles recommandations, et vous ramentevoyr ce que de bien long temps vous avoys escrit pour scavoyr si Patisson vouldroit entreprendre d'imprimer en Grec les *Ethiques* d'Aristote corrigees de mondit s". Meuret, et que pourveu qu'il vous donnast la parolle de les imprimer dilligemment et de ses beaux characteres, je les luy feroys envoyer bien tost aveques asseurance d'avoyr encores bien tost apres les *Politiques* et *Rhetorique* du mesme auteur aussy corrigés par mondit sieur Mouret, qui sont œuvres vrayement dignes d'estre mises en lumiere. Qui me faict encores vous prier de vouloir prendre la peine d'en parler audit Patisson, pour m'en mander son intention, affin que selon cela mondit s^r. Mouret se puisse resouldre, estant infiniment marry que ayez demeuré si long temps que m'escrivés sans recevoir de mes lettres… J'ay fayt vos recommendations a monsieur Mouret qui vous rend les siennes tres humbles et ne sommes sans parler souvant de vous. Nous lisons maintenant les *Politiques* ayants parachevé nos *Ethiques* et vous promets que ledit sieur Mouret me contante tousiours davantage, tant plus je voys en avant. Mays les infinies occupations qu'il me fault avoyr en ce lieu, m'empeschent bien d'y pouvoyr employer le temps, comme je debvroys et desirroys sans le respect du service de mon maistre… (Rome, 5 juillet 1577. — Bibl. Nat., *fonds Dupuy*, 712, ff. 27-28). A peine installé à Rome, Louis de la Rochoposay s'était mis sous la direction de Muret; arrivé à Rome le 8 juin 1576, il écrivait déjà à Dupuy, le 8 septembre: « Je suis toujours en deliberation de continuer le plus que je puis mes estudes aux heures que j'en pourray avoir le loisir, ayant desia commencé par le moyen de monsieur Mouret qui me faict ce bien de me faire quelques leçons ». (712, f. 24).

XI.

Athenaei *deipnosophistarum libri XV. Basileae, apud Ioannem Valderum. 1535. In-fol.**

D'après Lazeri (p. 846), Muret avait mis une note à la grande lacune du fol. 834, indiquant qu'il avait trouvé le passage qui manquait et qui fut publié en 1564 par son ami Guillaume Canter. (Cf. infra, n° XLVII.)

XII.

Callimachi Cyrenaei *Hymni cum Scholiis nunc primum editis. Sententiae ex diuersis poetis oratoribusque ac philosophis collectae* *non ante excusae, cum praef. S. Gelenii, graece. Basileae, Hier. Froben, 1532. In-4°.* *

M. Antonij Mureti. Emptus Venetiis mense Augusto MDLIV. (Laz. p. 315).

XIII.

ΚΛΗΜΕΝΤΟΣ ᾿ΑΛΕΞΑΝΔΡΕΩΣ τὰ εὑρισκόμενα ἅπαντα. *Ex bibliotheca Medicea. A la fin: Cudebat Florentiae Laurentius Torrentinus... 1550. In-fol.* *

Lazeri (p. 315) indique une note analogue à celle du volume précédent.

XIV.

ΔΗΜΟΣΘΕΝΟΥΣ ΛΟΓΟΙ ΔΥΟ ΚΑΙ ΕΞΗΚΟΝΤΑ. *Habes lector — Demosthenis Graecorum oratorum omnium facile principis orationes duas et sexaginta, et in easdem — Ulpiani commentarios quantum extat, Libanii argumenta, tum collectas a studioso quodam ex Des. Erasmi Rot. Guilhelmi Budaei atque aliorum lucubrationibus annotationes. Ad haec ipsius Plutarcho Libanioque authoribus vitam et lectionem denique variam adiectam. Basileae, per Ioannem Hervagium mense Septembri MDXXXII. In-fol.*

Il y a des sommaires en marge et un petit nombre de corrections dans la *Vie* de Plutarque. Nombreuses notes au début du texte de Démosthène et corrections aux *catenae*.
Vitt. Em. 4. 6. D. 2.

XV.

ΔΙΟΔΕΝΟΥΣ ΛΑΕΡΤΙΟΥ ΠΕΡΙ ΒΙΩΝ, δογμάτων καὶ ἀποφθεγμάτων τῶν ἐν φιλοσοφίᾳ εὐδοκιμησάντων, βιβλία δέκα, νῦν πρῶτον ἀντυπωθέντα. *Diogenis Laertii... libri decem, nunc primum excusi. Froben, Basileae anno MDXXXIII.* In-4°.

Sur la garde: *Muret. Venetiis mense octobri.* Sur le titre: *Non valde antiquus scriptor est: citat enim Plutarchum, 170 (et 181), Et Sextum Empiricum et Phauorinum, 488 et 500, Et omnibus iis recentiorem Justum Tiberiensem qui bellum scripsit iudaicum, 81.* — *Ad mulierem quandam a Laertio scriptus est hic liber, 151* [cf. la note grecque ms. de Muret à la p. 151]. Ἀναγνωσθί, εἶχα, κ' ἀπιστιν ταῦτα ὁρῶν, πραχθὲ καλῶς. — Beaucoup de leçons jetées dans les marges par Muret.

Vitt. Em. 4. 2. A. 14.

XVI.

ΗΛΙΟΔΩΡΟΥ αἰθιοπικῆς ἱστορίας βίβλια δέκα. *Heliodori Historiae aethiopicae liber primus... Parisiis, apud Chr. Wechelum... 1551.* In-4°.*

Lazeri, p. 330. *Maretus mihi emi Lutetiae anno MDLXIII.*

XVII.

HESIODI *opera et dies... Venetiis, ex officina Farrea, 1543.* In-8°.*

Lazeri (p. 316) dit seulement que Muret avait inscrit la date de *juillet 1554* sur une édition d'Hésiode.

XVIII.

LUCIANI *dialogi et alia multa opera. Imagines* PHILOSTRATI... *Graece. Venetiis, Aldus et Andreas socer, m. oct. 1522.* In-fol.*

Lazeri, p. 349. Note de Muret: *Nicolaus Maioranus Episcopus Melsitanus narravit mihi, Theodorum Gazam interrogatum, quis scriptor legendus esset Graecam linguam discere incipientibus, respondisse, Lucianum; quis ubi mediocres in ea progressum fecissent, Lucianum: quis ubi iam eam perfecte didicisse, Lucianum. Romae III. Cal. Febr. MDLXX.* [Cet amateur de l'atticisme de Lucien, qui rapporte le joli mot de Gaza, est Nic. Majorani, qui avait résigné en 1566 l'évêché de Molfetta.) Suivent des vers latins, qui ne regardent plus Lucien et qu'on trouvera dans l'éd. Ruhnken (*Mureti opera omnia*, Leyde, 1789, t. IV, p. 618).

XIX.

"ΑΠΑΝΤΑ ΠΛΑΤΩΝΟΣ μετ' ὑπομνημάτων Πρόκλου εἰς τὸν Τίμαιον, καὶ τὰ πολιτικά, θησαυροῦ τῆς παλαιᾶς φιλοσοφίας μεγίστου. *Platonis omnia opera... Basileae, apud Ioan. Valderum, mense martio, anno MDXXXIIII. In-fol.*

Notes abondantes: corrections typographiques (le 1er mot de l'Eutyphron ΝΕΩΤΕΡΩΝ est corrigé en ΝΕΩΤΕΡΩΝ), rapprochements avec Cicéron, Aristote, etc; ce sont surtout des sommaires, où des mots grecs du texte imprimé en très fin caractère sont mis à la marge pour frapper les yeux. Le *Proclus* a peu de notes. Dans la préface de Simon Grynaeus le mot ΣΙΜΩΝ est transformé à la plume en ΛΗΙΧΟΥΣ et ΘΡΥΝΛΗΥΣ subit aussi une métamorphose; le nom d'Oporinus s'y trouve raturé. Sur le feuillet final, Muret traduit en latin un passage de Ménandre cité par Plutarque (Περὶ εὐθυμίας) et transcrit à la suite le texte grec.

Au titre: *E bibliotheca M. Antonij Mureti. Emptus Venetiis, M. D. LVI mense Ianuario, ducatis quatuor. — Quod ait Marsilius Platonem creditum a multis natum matre ab Apolline gravida facta, est apud Origenem libro 1° contra Celsum. — — Paulus Manutius amicorum meorum in Italia antiquissimus et optimus, ad meliorem, ut spero, vitam a Deo vocatus est, postridie Nonas Apriles. M. DLXXIIII. Romae.*

Vitt. Em. 4. 6. D. 1.

XX.

Le même Platon que le précédent, mais sans la préface et sans les commentaires de Proclus.

Les marges dont couvertes d'un grand nombre de scholies qui valent la peine d'être examinées et qui sont fréquemment rognées par la reliure moderne. Muret les a certainement vues; mais je ne trouve son écriture qu'à la page 687 et peut être p. 28. Le nouveau propriétaire

sans doute a effacé avec le plus grand soin une inscription sur le titre,
où je déchiffre: *Marci Antonij Mureti. Emi Romae* (et une date).
Vitt. Em. 4, 6, D, 4.

XXI.

PLOTINI *diuini illius e platonica familia philosophi, de rebus
philosophicis libri LIIII, in enneades sex distributi, a Marsilio
Ficino florentino e graeca lingua in latinam versi, et ab eodem
doctissimis commentariis illustrati. Apud Salingiacum Ioannes
Soter excudebat, anno M. DXL. Cum gratia et privilegio Im-
periali in sexcennium.* In-fol.

Sur le titre: *Muretus emi Romae IX Kal. Sept. 1573.* Au dessous:
I. Bapt. Modlj Seuerini; C'est de cette dernière écriture que sont les
notes marginales qu'on trouve aux premières pages.
Vitt. Em. 4. 6. B. 12.

XXII.

ΣΙΜΠΛΙΚΙΟΥ ΔΙΔΑΣΚΑΛΟΥ τοῦ μεγάλου σχόλια ἀπὸ φωνῆς
αὐτοῦ, εἰς τὰς Ἀριστοτέλους κατηγορίας. *Simplicii, omnium Aristotelis interpretum praestantissimi, in eiusdem philosophi Categorias sive Praedicamenta ut vocant Commentaria absolutissima:
et ad singulas Categorias latina scholia... Iusti Velsij summi hoc
tempore philosophi industria elaborata. — Basileae, apud Michaelem Isingrinium, anno M. D. LI.* In-fol.

Quelques sommaires et corrections mss. Au titre Muret a écrit son
nom: *Mureti.* Au dernier feuillet il a corrigé le barbarisme διδάσκαλον
μεγάλον en μέγαν et barré le nom de Conrad Gesner.
Vitt. Em. 4. 8. E. 8.

XXIII.

ΙΩΑΝΝΟΥ ΤΟΥ ΣΤΟΒΑΙΟΥ ΕΚΛΟΓΑΙ ΑΠΟΦΘΕΓΜΑΤΩΝ.
IOANNIS STOBAEI *collectiones sententiarum. MDXXXVI.* A la fin:

Venetiis, in aedibus Barth. Zanetti Casterzagensis, aere vero et diligentia Ioannis Francisci Trincaueli. In-4o.

Ce Stobée était un don de Manuce, comme l'indiquait une note rapportée par Lazeri, p. 223: *Paulus Manutius M. Antonio Mureto dono dedit MDLIX.*

XXIV.

ΣΤΡΑΒΩΝΟΣ ΠΕΡΙ ΤΗΣ ΓΕΩΓΡΑΦΙΑΣ ΒΙΒΛΙΑ ΙΖʹ. *Strabonis de Situ orbis libri XVII. Graece et latine simul iam, in eorum qui pariter et Geographiae et utriusque linguae studiosi sunt gratiam editi: olim quidem, ut putatur a Guarino Veronensi et Gregorio Trifernate in latinum conversi: ac deinde Conradi Heresbachii opera ad eius generis autorum fidem recogniti... — Basileae, per Henricum Petri, An. M. D. XLIX. Mense Augusto.* In-fol.

Les noms de C. Heresbach et de l'imprimeur sont barrés sur le titre. A l'intérieur, sommaires, corrections au texte, essais de traduction meilleure en marge de la traduction latine. Ce volume mérite d'être vu par le prochain éditeur de Strabon.

Vitt. Em. 4. 6. D. 5.

XXV.

ΣΥΝΕΣΙΟΥ ΕΠΙΣΚΟΠΟΥ ΚΥΡΗΝΗΣ Περὶ βασιλείας, εἰς τὸν αὐτοκράτορα Ἀρκάδιον... Τοῦ αὐτοῦ Συνεσίου ἐπιστολαί. *Synesii Episcopi Cyrenes De regno ad Arcadium imperatorem... Eiusdem Synesii epistolae. Ex Bibliotheca Regia. Parisiis, M. D. LIII. Ex officina Adriani Turnebi typographi Regii. Regiis typis. Ex privilegio Regis.* In-fol.

Sur le titre, au dessous du nom de Synésius: *Vir eruditissimus, disertissimus, fortissimus.* Τὰ δὲ πρὸς τὴν εὐσέβειαν, οὐκ οἶδ' εἰ πάντα εἴλει servit. Le haut de la page a été mouillé; il est impossible d'y lire aujourd'hui ce qu'y a vu Lazeri (p. 880): *Emtus Lutetiae Mense Ianuario a. 1563.*

Annotations, sommaires, mots du texte portés à la marge; un petit nombre de corrections. — Muret possédait aussi les *Hymnes* de Synésius (Paris, 1570); v. *Mélanges d'érud. classique dédiés à la mémoire de Ch. Graux:* lettre I.

Vitt. Em. 4. 4. A. 5.

XXVI.

Theocriti *Idyllia XXXVI. Eiusdem epigrammata XIX… Graece. Venetiis, ex officina Farrea. MDLIII.* In-8°.*

Muret y a noté: *In Vinegia soldi 26. ligado al dì ult. de Maggio a. 1554. Mureto.* (Laz. p. 816).

XXVII.

ΞΕΝΟΦΩΝΤΟΣ 'ΑΠΑΝΤΑ. Xenophontis *oratoris et historici… opera, quae quidem graece extant, omnia, duobus tomis distincta, ac nunc primum a Seb. Castalione a mendis quamplurimis repurgata… Palmaising Basileae* [1545?]. In-8°. 2° vol.

Le titre manque; je donne celui qui précède d'après S. F. W. Hoffmann (*Bibliographisches Lexicon,* t. III, p. 575); on a imprimé sur la reliure: *Basil. 1533.* Il n'y a d'annotations que sur les marges de l'*Apologie,* de l'*Hiéron,* de la *République des Lacédémoniens,* et surtout des *Mémorables* qui vont de la p. 333 à la p. 499. A cette dernière Muret a écrit: *Absoluti postridie id. decembr. 1582.* Les notes latines, qui sont pour la plupart des équivalents de mots grecs souvent très simples, ne sont sûrement point de Muret. Les notes grecques, presque toutes critiques, sont au contraire entièrement conformes à son écriture grecque ordinaire. Il y a p. 482-488 un long passage grec que Muret a mis en marge d'après une édition ou un ms. plus complet et qui manque à

cette édition; il va de [τιμᾶτε ἀ τίνα δ'] ἀν τις ἐπαγγείλαι (IV, 4, 17, p. 224,
ligne 5 à l. 16, dans l'éd. Breitenbach).

Vitt. Em. 4. 3. D. 40.

XXVIII.

Xenophontis Atheniensis *de Cyri regis Persarum vita atque di-
sciplina libri VIII, necnon alia quaedam eiusdem autoris scripta,
in sermonem latinum conuersa, explicationibus alicubi additis,
studio et diligentia Ioach. Camerarii... — Parisiis, apud Andream
Wechelum... Anno salutis 1572. Cum priuilegio Regis. In-4°.*

Au dessous de la date est écrit : *Ego Jo. Renaudianus jussu sup.
legi versionem hanc cum explicationibus et nihil laetsi quod corrigendum
videretur. an. 1597. mense octob.*

Cet exemplaire a de remarquable que le nom de l'hérétique Came-
rarius est entièrement effacé à l'encre partout où il retrouve, au titre,
à la table, à la dédicace, au privilège, aux vers liminaires, en tête de
la vie de Xénophon et des notes sur la *Cyropédie* (p. 290), et même sur
tout le titre courant de la p. 290 à la p. 380; le papier en est éraillé
à plusieurs endroits. — Notes de Muret aux pages 60, 219, 309, 392,
393, 395, 406, 409, 413, 483; il a aussi barré plusieurs passages. Cette
édition ne contient pas les *Mémorables* qui sont annotés dans le volume précédent.

Vitt. Em. 4. 4. B. 15.

XXIX.

Ioannis Zonarae *monachi, qui olim Byzantii magnus Bran-
garius excubiarum seu Biglae, et protosecretarius fuit, compen-
dium Historiarum, in tres tomos distinctum: quorum Primus
agit de rebus Iudaicis... Opus praeclarum ac diu desideratum,
nunc verò demum liberalitate... D. Antonii Fuggeri... et labore
Hieronymi Wolfii graece ac latine, quinque codicibus inter se col-
latis, quàm emendatissimè fieri potuit, in lucem editum... Basileae, per Ioan. Oporinum, 1557. 3 tom. in-fol.*

Corrections au texte et notes historiques de Muret ; p. 235, il indique une conjecture de Sirlet. Le nom de Wolf et celui d'Oporinus sont effacés dans les trois tomes ; celui-ci seulement a été oublié dans le privilège en français donné par Henri II.

Vitt. Em. 4. 4. F. 10.

XXX.

EPIGRAMMATUM *Graecorum libri VII graece, annotationibus Io. Brodaei illustrati, cum indice. Basileae, Frohen, 1549. Pet. in-fol.*

Cette édition de l'Anthologie portait de la main de Muret : *M. Antonii Mureti. Venetiis 1555* (Lau. p. 318).

XXXI.

CARMINA NOVEM ILLUSTRIUM FEMINARUM, *Sapphus Erinnae Myrus Myrtidis Corinnae Telesillae Praxillae Nossidis Anytae* ET LYRICORUM *Alcmanis Stesichori Alcaei Ibyci Simonidis Bacchylidis.* ELEGIAE *Tyrtaei et Mimnermi.* BUCOLICA *Bionis et Moschu, latino versu a Laurentio Gambara expressa. Cleanthis Moschionis aliorumque fragmenta nunc primum edita. Ex bibliotheca Fulvii Ursini Romani. Antverpiae, ex officina Christophori Plantini CIↃ. IↃ. LXVIII.* Pet. in-8°.

L'exemplaire est incomplet et finit à la p. 354, sur la note où F. Orsini annonce au lecteur qu'il va trouver la traduction de Bion et de Moschus confiée à Gambara.

A gauche de la marque de Plantin, sur le titre, Muret a écrit : *Laurentius Gambara M. Antonio Mureto dono dedit. Mense Febr. M. D. LXIX. Romae.*

Dans l'intérieur du volume, deux corrections à Bion (p. 289 et 242) ; p. 318, dans l'annotation sur le fragm. 1er d'Ibycus, qui renferme la comparaison du cheval, Orsini dit qu'Horace a imité Ibycus à la 1re ép. du liv. I : *Solve senescentem mature sanus equum.* Muret met en marge : *Imitatus et Ennius : Sicut fortis equus, spatio qui saepe supremo Vicit*

Olympia, nunc scalo confectus quiescit. (cf. Wahlen, *Ann.* 441.) — Sur
la garde : *Quisquis amatur amet, ut et ipse ubi amabit, ametur.*

Vitt. Em. 4. 7. A. 10.

Auteurs Latins.

XXXII.

M. TULLII CICERONIS PHILIPPICAE a *M. Antonio Mureto ad op-
timum et vetustissimum exemplar tam multis locis emendatae, ut
nunc primum editae videri queant. Eiusdem Mureti in easdem
scholia ad Adrianum Turnebum. Parisiis ex officina Gabrielis
Buon, in clauso Brunello... 1562. Cum privilegio.* In-4°.

Cette édition est le présent qu'a voulu faire Muret à ses amis de
France, en revenant auprès d'eux après sa huitième année d'Italie ; cf.
sa remarquable préface à Turnèbe (*Lat. Id. Mart. 1562*), et les vers
grecs de Dorat au C^d de Ferrare. Les *scholies* forment un livret de
12 ff. avec titre spécial : *M. A. Mur. in Cic. Philipp. a se innumeris* (Muret
a remplacé à la main par *innumerabilibus*] *prope locis emendatas Scholia
ad Adr. Turnebum. Parisiis... 1562.*

Au premier titre : *M. Antonii Mureti.* Au dessous le P. Lagomarsini a
écrit : *Quas M. Ant. Muretus varias lectiones atque adnotationes in hunc
impressum librum sua manu conjecit, eas ego diligenter transcripsi, et
in adversaria mea contuli, Romae, an. 1768. Hier. Lag. S. J.* — Ces corrections sont nombreuses ; plusieurs portent la mention : *Faer.* ou *Faer.
ex suo quodam libro ;* celles-ci proviennent des deux livres posthumes
de corrections sur les Philippiques laissées par Gab. Faerno et publiées
en 1563 (*Ciceronis Philippicae emendatae,* Rome, in-8°).

Vitt. Em. 4. 6. C. 12.

XXXIII.

M. TULLII CICERONIS TUSCULANARUM *quaestionum, seu disputa-
tionum libri quinq; a Dionysio Lambino Monstroliensi ex auc-*

toritate codicum manuscr. emendati. Cum Annotationibus Franc. Fabricii Marcodurani. Coloniae, apud heredes Arnoldi Birckmanni. Cum gratia et privilegio ad annos decem [1568]. In-8°.

Au feuillet prélim., Muret a copié les vers du Ve livre de Lucrèce, sur Hercule; au dernier feuillet, des textes grecs, se rapportant aux pages 87 et 88. Il n'y a d'annotations qu'au 2e livre des *Tusculanes* (p. 69 à 106), mais elles sont nombreuses; beaucoup de leçons de mss. sont jetées à la marge. Là où Cicéron cite en latin des mots grecs et le long passage des *Trachiniennes*, Muret a mis à la marge le texte grec; à propos des femmes spartiates (II, c. 16), il fait un rapprochement avec des vers de Properce, Ovide et Virgile.

Vir. Em. 4. 9. R. 14.

XXXIV.

HORATII FLACCI *lyrici poetae opera, cum quatuor cōmentariis; & figuris nuper additis.* A la fin : *Venetiis impressa per Doninum pincium Mantuanum. Anno a nativitate Domini MCCCCV* [sic]. *Die quinto Februarii* [1495]. In-fol.

Dans cet Horace aux curieuses gravures Muret a eu à corriger beaucoup de fautes. Il a souligné certains vers, jeté des sommaires dans les marges, mis dans le texte du commentaire un mot grec laissé en blanc par l'imprimeur. V. les notes des ff. 24, 63, 170, 214 et sqq. L'*Art poétique* surtout a été beaucoup lu. Sur les deux dernières pages imprimées, au bas de l'index et du registre, est un brouillon peu raturé de l'ode inédite suivante, que je reproduis telle qu'elle est au manuscrit :

Ad Albertum Lollium Ferrariensem.

Non fulgor auri, non eboris nitor,
Non ebria Afro vellera murice,
    Non ampla seruorum et clientum
      Turba hominem potis est beatum

Praestare, Lolli. Frustra auet id sibi
Parare nomen, cui sitis aut opum
   Praecordia exest, aut honorum
      Fine modoque carens cupido.

Vsque appetenti plura nihil sat est:
Nil appotenti quidlibet. O quater
   Felix, suo qui callet uti
      Quodque habet id satis esse ducit.

Plebs hos et illos suspiciat licet,
Sacraeque rupis, fontis et abditi
   Expers et umbrarum Lycei, et
      Rerum animum male lusa vanis;

Longe ipse sortem praetulerim tuam
Sorti potentum: teque beatius
   Traducere aetate putarim,
      Principibus puerisque regum.

Tu qua nitentes Eridanus pater
Opimat agros, abditus ocio,
   Sed ocio non vnquam inerti,
      Dijs prope par similisque viuis.

Paterna te res nullius indigum
Non arcta pascit: nec dare denegat
   Quo rebus in duris laborantem
      Eripias foueasque amicum.

Laerta qualem nactus erat nurum,
Pheres ve qualem, talem etiam tibi,
   Fortassis et praestantiorem
      Fata tori sociam dederunt;

Quae prole pulchra te faciat patrem,
Domumque curet prouida, nec sinat
   Opes patrum virtute partas
      Diffluere, in cineremque verti.

Labore fortis quaerere rem viri est,
Seruare, matronae. Illa parum domus
   Fundata firme est, parca quam non
      Et sapiens mulier gubernat.

Quid grata dulcis pignora coniugi
Qua libori te laetitia efferunt,
    Inter se amantes vaque, et vaque
    Imperio patria obsequentes?

Cette ode aimable, inspirée à Muret par le souvenir du *Lollius* d'Horace, est adressée au poète Alberto Lollio, dont l'*Aretusa* a précédé de peu l'*Aminta* du Tasse; Muret l'avait sans doute connu à la cour de Ferrare.

   Vitt. Em. 4. 5. E. 8.

XXXV.

Q. Horatius Flaccus, *Ex fide, atque auctoritate decem librorum manu scriptorum, opera Dionys. Lambini Monstroliensis emendatus: ab eodemque commentariis copiosissimis illustratus, nunc primum in lucem editus. Lugduni, apud Ioan. Tornaesium M. D. LXI. Cum priuilegio ad sexennium.* 2 part. en un vol. in-4°.

Sur le titre Muret a barré de légers traits transversaux les mots *decem librorum* et les a remplacés par: *carettarum* [sic]. Plus haut il a mis cette double inscription: *Hei mi. Quid hei mi? humana perpessi sumus* ὅλμοι. Τί δ'οἴεις; ανατά δὴ πεπόνθαμεν.

Notes et rapprochements diverses, dont Lazc. l, qui a vu le volume, à signalé quelques uns (p. 280). Dès la préface, où Muret relève deux fautes de latin, ses annotations ont un caractère d'attaque contre Lambin. Tantôt il reprend pour son compte des leçons qu'il retrouve attribuées à d'autres, tantôt il signale ironiquement les bévues du commentateur. P. 333 avec *ineptus* (qui est fréquent), se trouvait la grosse injure suivante barrée par Muret lui-même: *Vide numquid ibi hac de re dicat, ut intelligas eum sobrium non esse cum scribit.*

XXXVI.

Plauti *Comoediae omnes* ... *Florentiae, apud heredes Bern. Iuntae, 1554.* In-8°.*

Muret: *Venetiis Non. Iulii 1555.* (Laz. p. 318).

XXXVII.

Opera L. Annaei Senecae *et ad dicendi facultatem et ad bene vivendum utilissima, per Des. Erasmum Roterod. et Matthaeum Fortunatum, ex fide veterum codicum… Basileae* [Io. Hervag]. Sans date et sans nom d'impr. In-fol.

Sur le titre: *M. Antonij Mureti*, avec des citations grecques et latines de la main de Muret. Plus bas: *Ego Valentinus Fabricius jussu superioris legi scholia Erasmi in Senecam et expurgavi.* Le jésuite qui a raturé dans le texte des mots d'Erasme et de B. Rhenanus, ainsi que leur nom, est Valentin Groza Fabrycy, mort à Varsovie en 1626 (cf. Backer, *Bibliogr. de la Cie de Jésus*, t. III, p. 295). On lit encore le nom d'un autre propriétaire: *Jacobus Brezniclus canonicus Posnaniensis.* — Nombreuses annotations de Muret dans les marges; au dernier feuillet, une liste de Cardinaux précédés de cette note: *Pridie Idus decembris anno 1583 Gregorius XIII P. M. infra scriptos cardinales creavit…*
Vitt. Em. 4. 6. C. 15.

XXXVIII.

L. Annaei Senecae *de providentia liber singularis emendatus a M. Antonio Mureto I. C. Ad veteris libris fidem. Cum licentia superiorum. Romae, apud Iosephum de Angelis. M. D. LXXV.* In-4° de 12 ff.

C'est une édition, très rare, faite par Muret à l'usage de ses auditeurs (qui manque à Brunet et à Graesse). Il expliquait sur cet exemplaire qui est interfolié et couvert de notes; les premières pages particulièrement ont, presque à chaque ligne, des renvois à un copieux commentaire. A la fin est un petit appendice de quatre pages contenant des scholies imprimées. Après le titre on trouve le discours d'ouverture prononcé, le 8 juin 1573, avant d'expliquer le traité de la *Providence*. Il est imprimé dans les *Orationes* de Muret. *De Seneca nihil hoc loco constitui dicere,* etc. (Ruhnken, t. I. p. 295).

XXXIX.

P. Cornelii Taciti *libri quinque noriter inventi, atque cum reliquis eius operibus editi. Romae, impressi per Stephanum Guillereti de Lotharingia... anno M. D. XV. In-fol.**

Édition faite par Béroalde sur l'ordre de Léon X, après la découverte en Allemagne des cinq premiers livres de Tacite qui furent portés au pape. Muret avait écrit en marge ses corrections, et mis un commentaire sur des feuillets blancs (Laz. p. 345).

XL.

C. Cornelii Taciti *Historiae Augustae... libri XVI. Libellus de moribus et populis Germanorum ... Lugduni, ap. Seb. Gryphium, 1543. In-8°.**

La date de l'achat et le prix sont dans Lazeri (p. 329): *Emtus Lutetiae a. 1562. Mense Ian. assibus 12.*

XLI.

C. Cornelii Taciti *Annalium ab excessu D. Augusti usque ad imperium Galbae liber secundus a M. Antonio Mureto emendatus. Romae, ex typographia Vincentii Accoltii, 1581. In-4°.**

Deux exemplaires de ce II° livre des *Annales* se trouvaient dans la bibliothèque de Muret, qui avait interfolié et annoté l'un deux. Ces annotations et celles du Tacite précédent ont été publiées par Schott en 1604.

Graesse (*Trésor des livres rares*, t. VI, part. II, p. 12) ne mentionne pas ce volume, qu'a pourtant vu Lazeri (p. 345) et qu'on retrouvera un jour dans les précieux recueils de *Miscellanées* du Collège Romain; il insère à la place la note suivante: " L'éd. des *Annalium liber p r i m u s. Cum notis ed. M. A. Muret...*. Romae, 1580, n'est pas constatée ,. Or

J'ai vu à la bibliothèque Casanatense (Minerve), dans le volume 85 des *Miscellanées* in-4°, l'édition dont Graesse met en doute l'existence ; elle est in-4° de 89 pages, sans préface et sans notes, et son titre est ainsi libellé : C. CORNELII TACITI *annalium ab excessu D. Augusti ad imperium Galbae liber primus a M. Antonio Mureto emendatus. — Permissu superiorum. Romae, apud heredes Antonij Bladij impressores Camerales.* M. D. LXXX.

XLII.

TERENTIANUS MAURUS *de literis et metris cum syllabis accur. interpretatione Iac. Petrecini nunc primum edita. Venetiis, per Maphaeum Pasinum et Franc. Bindonum, 1533. In-4°.* *

Lamori (p. 315) indique probablement cette édition comme achetée par Muret à Venise au mois d'août 1554.

XLIII.

P. TERENTII AFRI *comoediae ex vetustissimis libris et versuum ratione a Gabr. Faerno emendatae. Florentiae, apud Iuntas, 1565. In-8°.* *

C'est l'édition posthume de Faerno achevée par Vettori, reliée ordinairement avec les *Emendationes* de Faerno publiées sous la même date. De la main de Muret : *Hunc librum Vincentius Laureus M. Antonio Mureto dono dedit Tibure MDLXV. mense Sept.* (Laz. p. 833). Le donateur est Vincenzo Laureo, évêque de Mondovi, qui devint cardinal en 1583.

Livres modernes.

XLIV.

Lexicon graeco-latinum. Seu thesaurus linguae Graecae, post eos omnes qui in hoc commentandi genere hactenus excelluerunt, ex ipsius demum G. Budaei manu scripto Lexico, magna cum dictionum tum elocutionum accessione auctus, et plurimis in locis restitutus. [Le bas du titre a été déchiré. Il faut y lire *Genevae.*] A la fin : *Excudebat Ioannes Crispinus anno Domini M. D. LIIII.* In-fol.

Suit un *Farrago libellorum quos omnium maxime Graecorum literarum candidatis lectu frugiferos fore ducimus,* où Muret a effacé le nom de Mélanchton ; plusieurs fois, dans le Lexique même, il a barré en le rencontrant celui d'Érasme. C'est le dictionnaire grec dont il s'est servi. Il est antérieur au Lexicon de Robert Constantin qu'a publié aussi Jean Crespin en 1562. Durant toute sa vie, Muret a dû annoter les marges de ce livre bien insuffisant. Tantôt il ajoute, à son ordre alphabétique, un mot qu'il a rencontré dans ses lectures, et à l'appui duquel il cite un ou plusieurs passages (il y en a un grand nombre d'Euripide et de Thucydide) ; tantôt il joint un texte à ceux qui sont déjà donnés, revenant à plusieurs fois sur le même article, comme le montre la couleur de l'encre ; tantôt il corrige une traduction inexacte et s'essaye à rendre le grec soit en français, soit dans les divers dialectes italiens (cf. ἀγκύλη, ἔγκειρος, ξύντημα, ὠχρός, κ. τ. λ.).

Vitt. Em. 4. 7. E. 1.

XLV.

M. Antonii Mureti *ad Leonardum Mocenicum, patricium venetum, orationum Ciceronis in Catilinam explicatio.* [Le point est transformé en virgule et Muret a ajouté de sa main : *post*

*Venetam editionem multis locis ab auctore ipso aucta et emen-
data.] Venetiis, Ioan. Gryphius excudebat · MDLVII.*

L'édition de Paris *(apud Robertum Coulombel,* 1581) porte en effet
les corrections de cet exemplaire. V. Lazeri, p. 821. Chaque chapitre du
texte de Cicéron est suivi d'un abondant commentaire imprimé, auquel
Muret a fait beaucoup de changements. Aux marges ont été mises des
leçons provenant, soit de mss. consultés par Muret, soit de conjectures
personnelles, soit de corrections fournies par d'autres critiques.

Sur la garde Muret a écrit: *E libris M. Antonii Mureti.* Au dessous
se lisent deux noms: *Frate Antonio da Monte Polciano a san France-
sco. Domenico Prelo.* — Aux feuillets de la fin sont copiés une épître
de Cicéron et divers passages de Cicéron et de Tite-Live, puis les quatre lignes suivantes:

Henricus.

hoc est nomen Regis inuicti Carolum V superantis,
hic est noster Rex inuictus Caesaris vero successor.
hoc est nomen Regis imperatoris, Caroli V successoris.
hoc est nomen Regis ignaui Caesaris viribus superati.

Les premières lignes sont sans doute inspirées à Muret par la prise
de Calais; la dernière, d'une encre plus récente, par la défaite des troupes
de Henri II à Gravelines.

Vitt. Em. 4. 7. D. 88.

XLVI.

M. Antonii Mureti *Variarum lectionum libri XV. Ad Hyp-
polytum Estensem cardinalem ac principem illustrissimum. Antverpiae, ex officina Christophori Plantini, architypographi Regii,
M. D. LXXX.* In-8°.

Relié à la suite: *Iusti Lipsi Electorum liber I.* In-8°.

Muret a corrigé peu de passages de Lipse et peu de son propre texte;
ce sont surtout des fautes d'impressions. Sur la garde est un brouillon

autographe d'épître grecque. Au dessus, d'une autre main : *1ª editio librorum XV. Lib. III, 12, nuper librum Senecae interpretatum se esse dicit de Providentia. Fecit hoc a 1573.* (Cf. le nº XXXIX.)

Il y avait au Collège Romain un exemplaire des premières *Variae Lectiones*, publiées à Venise en 1559, et sans doute encore d'autres éditions (Laz. p. 826, 846, 851).

Vitt. Em. 4. 8. A. 10.

XLVII.

Gul. Canteri *Novarum lectionum libri IV. Basileae, 1564.* In-8°.*

Première édition ; la 2ª (Bâle) contient sept livres, et la 8ª (Anvers), huit. Cet exemplaire était le don d'auteur à Muret et portait : *Doctissimo viro Marco Antonio Mureto Gul. Canterus d. d.* (Laz. p. 847). Canter devait bien cet hommage à Muret qui lui avait fourni, à Paris, le morceau capital de son recueil (liv. 3, c. 11), le fragment inédit du XVª livre d'Athénée. Canter a imprimé par erreur que Muret avait tiré ce fragment d'un ms. de la Vaticane ; Muret avait en effet effacé le mot *Vaticanae* et substitué à la marge *Cardinalis Farnesii.* Il avait noté aussi sur son exemplaire la date de la mort de l'auteur : *Gulielmus Canterus obiit XVIII die mensis Maj MDLXXV, in Aurora.*

XLVIII.

P. Victorii *Variarum lectionum libri XXV. Florentiae, apud Torrentinum. 1553.* In-fol.*

De la main de Muret : *Mureti, Venetiis mense Junio MDLIV* (Laz. p. 816).

XLIX.

P. Victorii *Commentarii in tres libros Aristotelis de arte dicendi* (avec le texte grec). *Florentiae, ap. Bern. Iuntam, 1548.* In-fol.*

Muret y avait noté l'apparition d'une comète: *Anno 1577. VIII dia
mensis novembris visus est Romae a me et ab aliis innumerabilibus in-
gens cometes*, etc. (V. Lau., p. 849).

L.

PETRI VICTORII *Commentarii in VIII libros Aristotelis de optimo statu civitatis. Positis ante singulas declarationes Graecis
verbis auctoris: iisdemque ad verbum Latine expressis... Cum
licentia et privilegio. Florentiae, apud Iuntas CIƆ IƆLXXVI.*
In-fol.

Dans la marge de l'épître de Vettori au lecteur, Muret a mis seulement des sommaires; en regard des commentaires placés sous chaque
phrase grecque, sont des annotations, des réflexions parfois dures. Il est
regrettable de voir Muret traiter trop souvent de *seniles ineptiae* les er-
reurs d'un homme de la valeur de Vettori.

Vitt. Em. 4. 6. C. 1.

LI.

Q. ASCONII PEDIANI *Patavini Commentationes in aliquot orationes M. Tullii Ciceronis. In treis Verrinas et quartae initium...
In orationem pro Milone. Francisci Hotomani studio et diligentia... Lugduni, apud Ioan. Tornaesium et Gul. Gazeium MDLI.*
In-8°.

Quelques corrections aux pages 121 et 123, et quelques mots sou-
lignés. Je ne trouve d'autres traces de Muret qu'un f. préliminaire: *Emtus
Lutetiae postrid. id. Martij anno M. D. LXII.*

Vitt. Em. 4. 9. E. 40.

LII.

FAMILIAE ROMANAE *quae reperiuntur in antiquis numismatibus
ab urbe condita ad tempora divi Augusti, ex bibliotheca Fulvii*

Ursini. Adiunctis familiis XXX ex libro Antoni Augustini ep. Ilerdensis. Romae, cum priuilegio, curantibus heredib. Francisci Tramezini [1577]. In-fol.

Sur la garde: *Mureti Emptus Romae Idib. Nouembre 1581.* loa. x° 8°. Fulvio Orsini dit (p. 289, *gens Vipsania*), à propos des médailles de M. Vipsanius Agrippa, qu'il était de famille équestre et s'appuie pour cela sur un passage de la vie d'Atticus par Cornelius Nepos. Muret met en marge: *Stulte colligit ex hoc loco Agrippam equestri loco ortum fuisse, cum hoc de Attico dicatur: eum fuisse tantum equitem.*

C'est la première édition de ce beau livre, orné d'un très grand nombre de médailles gravées. L'auteur était lié avec Muret, comme le prouvent deux billets inédits que lui a écrits ce dernier et dont les originaux seront utilisés par M. Dejob; ils sont à la Vaticane, *Vat. 4104,* f. 95 et *4105,* f. 72.

Vitt. Em. 4. 4. F. 9.

LIII.

Dn. Iustiniani PP. A. *Institutionum (iuris) libri quatuor: compositi per Tribonianum V. magnificum et Exquaestore sacri Palatii, et Theophilum et Dorotheum VV. illustres et antecessores. Antea ab Haloandro contra vetustatis fidem castigati, nunc vero ex antiquissimis exemplaribus (quibus ille se defectum questus est) repraesentati per Anton. Contium. I. C.... Parisiis, apud Sebastianum Ninellium... et Michaëlem Guillard... Cum priuilegio Regis ad decennium. M. D. LXVII.* In-8°.

Relié avec un *Enchiridion titulorum aliquot ex Pandectis exceptorum...* 1567.

Avant le titre trois ff. blancs dont le premier porte en tête: *M. Antonij Mureti. Mense nouembri 1568. — Historia de 12° die Aprille 1526. Nota.* Cette note n'a pas été achevée. F. 8 v° et f. 146, notes marginales de Muret.

Vitt. Em. 4. 4. E. 22.

LIV.

Novellarum *Constitutionum imp. Iustiniani expositio, auctore Iacobo Cuiacio I. C. Eiusdem ad Africanum tractatus quinque. Observationum libri tres, nonus, decimus, undecimus... Lugduni, apud Clementem Baudin. M. D. LXX. Cum priv. Regis. In-fol.*

Au titre, de la main de Muret : *M. Antonio Mureto Gulielmus Roullius dono dedit.* Sur la garde, un brouillon peu raturé des dix-huit distiques de Muret, sur la Croix : *O una ante alias omnes venerabilis arbor,* etc. (Ruhnken, t. I, p. 780). Aux marges, des observations et surtout des sommaires en grande abondance, ainsi que des rapprochements avec la doctrine d'autres jurisconsultes.
Vitt. Em. 4. 8. A. 1.

LV.

Iac. Cuiacii I. C. *Ad Africanum reliqui tractatus VI, VII, VIII, VIIII, quibus difficillimae Iuris quaestiones enodantur. Eiusdem Observationum libri tres, XII, XIII, XIV, quibus multa in iure corrupta et non intellecta restituuntur... Lugduni, ex typis et officina Salamandrae. M. D. LXXIII. Cum priv. Regis. In-fol.*

Peu de notes : p. 180, Cujas s'occupe du colobium que revêtaient les évêques ; Muret ajoute : *In Cardinalibus vocatur la mozzetta, qua voce plane exprimitur* κολόβιον. — V. *Mélanges d'érud. classique...* Lettre V.
Vitt. Em. 4. 8. A. 2.

LVI.

B. Brissonii *I. C. et in suprema parisiensi curia advocati, de ritu nuptiarum liber singularis. Eiusdem de Iure connubiorum liber alter. Ad amplissimum... Michaelem Hospitalium summam*

Galliae Cancellarium. Parisiis, in aedibus Rovillij... 1564. Cum privilegio Regis. In-8°.

Suit avec titre et pagination spéciale: *B. Brissonii I. C.... de Iure connubiorum liber singularis... 1564.*

Au premier titre: *M. Antonius Muretus emi Romae Idib. Aug. MDLXXII.* Corrections de la main de Muret, p. 25 (1er traité), p. 28 (2e tr.). P. 12 du second traité, Brisson dit que là où il n'y a pas *matrimonium*, il n'y a pas vraiment *dos* et que la dot est caduque; *nec tamen*, ajoute-t-il, *quod Accursius existimat, fisco vendicabitur.* Muret met en marge: *At ex lege Papia omnia caduca fisco vendicari docet Cujacius apud Ulpianum in titulo de Caducis.* — P. 20, Brisson : *Meretricum quaestum vectigali obnoxiam esse Caligula voluit, tributumque illud primus instituit, cuius ad haec usque tempora exemplum manere dicitur.* Muret: *Stulte ex vulgi sermonibus haustam fabulam hic admiscuit.*

Vitt. Em. 4. 8. A. 22.

LVII.

Apologia *libri de reditibus ecclesiasticis, a Martino ab Aspilcueta doctore Nauarro... sermone primùm Hispano compositi... ad Pium V. p. o. m. Romae, M. D. LXXI. Apud Iosephum de Angelis.* In-8°.*

Muret y avait écrit: *M. Antonii Mureti, dono Auctoris Romae mense Nouembri a. 1571* (Laz. p. 337).

LVIII.

Les tres elegantes tres veridiques et copieuses annales des tres pieux tres nobles tres chrestiens et tres excellens moderateurs des belliqueuses Gaules. Depuis la triste desolation... de Troye... compilées par feu... maistre Nicole Gilles... Paris, en la boutique de Galliot du Pré [1525].*

Cette édition est in-fol. gothique; c'est peut être une édition plus récente, in-8°, qui fut offerte par le libraire Buon à Muret, pendant son voyage de 1561-62 à Paris. Il y avait inscrit (Laz. p. 828): *Donné à Marc Antoine de Muret par Gabriel Buon à Paris 1562.*

LIX.

N°. Leonici Thomaei *De varia historia libri III. Lugduni, apud Seb. Gryphium, 1555.* In-16.*

Graesse (*Trésor des livres rares et précieux*, t. IV, p. 166). — L'indication de Lazeri (p. 828) est trop incomplète pour que je puisse donner en toute certitude cette édition du livre de N. Leonico Thomeo comme celle acquise par Muret. On lisait sur son exemplaire: *Muretus emit Lutetiae Idibus Maij a. 1562.*

LX.

Historia *de gentibus septentrionalibus, authore Olao Magno Gotho, archiepiscopo Upsalensi, Suetiae et Gothiae Primate. Sic in Epitomen redacta, ut non minus clarè quàm breviter quicquid apud Septentrionales scitu dignum est, complectatur. Antverpiae ex officina Christophori Plantini. M. D. LVIII.* In-12.

L'édition abrégée faite par Plantin de ce curieux livre, plusieurs fois réimprimé et traduit, manque à Brunet et à Graesse. Muret y a mis l'indication: *M. Antonij Mureti. Venetiis CIƆIƆLIX, mense junio.*
Vitt. Em. 4. 1. A. 8.

LXI.

Abrahami Ortelii *antverpiani Synonymia Geographica, sive populorum, regionum, insularum... variae, pro auctorum traditionibus, saeculorum intervallis, gentiumque idiomatis et migra-*

tionibus, appellationes et nomina. Antverpiae ex officina Christophori Plantini, architypographi Regii. M. D. LXXVIII. In-4°.

C'est un véritable cahier de poète. Sur les gardes est un brouillon de 112 vers, écrit par Muret presque en courant, et intitulé *Canticum Mosis : — Audite haec, o stelliferi supera ardua caeli...* Le beau cantique de l'Exode perd beaucoup à cette trop élégante paraphrase d'humaniste ; je ne la reproduirai pas. Elle est suivie d'une courte pièce iambique :

Aeterna Christe sit tibi   *Nostrae salutis edidit ;*
Laus orbe toto et gloria,   *Qui victor in caelum redit*
Qui morte victor mortua   *Tracturus illuc et tuos.*
Vitae perennis auctor es ;   *Hac luce missum apostolis*
Quem sancta virgo vindicem   *Infunde nobis spiritum.*

Au dos de l'achevé d'imprimer, on trouve le moule d'une épigramme que Muret a fixé sur le papier et dont le dernier distique, quoique peu classique de facture, ne manque pas degrâce ; le mouvement est indiqué, et des lignes de points tiennent la place du développement inachevé :

Dum tu . . . .
. . . .
. . . .
. . . .
Me grato complexa sinu tenet aurea Roma,
Roma virum et virtutum omnium amica domus.

Vitt. Em. 5. 9. D. 23.

———————————